OM LOGIKKENS BEGRÆNSNING

Til

*Bjørn, Maja, Keyshia og den lille Arsènne, som lige er
begyndt at lære sproget*

NIELS FLECKNER HANSEN

OM LOGIKKENS BEGRÆNSNING

© 2021 – Niels Fleckner Hansen
Forlag: BoD – Books on Demand, Hellerup, Danmark
Tryk: BoD – Books on Demand, Norderstedt, Tyskland
ISBN 978-87-4303-433-9

Digtet "Niels Bohr af Piet Hein © på side 22 er gengivet med venlig
tilladelse af Piet Hein a/s, Middelfart.

Indholdsfortegnelse

Sandheden er altid konkret

Bertol Brecht

Forord

Nærværende bog er en undersøgelse af, hvordan vi bruger ordene i vort sprog, når vi forsøger at fremsætte meningsfulde og sande udsagn om den verden, vi lever i. Specielt bestrider den det synspunkt, at den klassiske logiks regler siden Aristoteles gælder som universelle sandheder om verdens indretning, og der fokuseres særligt på kontradiktionsprincippet (selvmodsigelsesprincippet). Senere udviklinger af logikken som prædikatslogikken og modallogikken kommes der stort set ikke ind på, selvom bogens synspunkter også vil have konsekvenser indenfor disse områder.

Da bogen er et opgør med den ide, at logikkens regler gælder universelt tager den også et opgør med tre betydelige danske filosoffer indenfor den analytiske filosofi – Kai Sørlander (f.1945), Peter Zinkernagel (1921-2003) og David Favrholdt (1931-2012) – hvis filosofi har logikken som grundlag. Da logikkens regler ikke er universelle, er dette som at bygge et slot på lerfødder.

De fleste forfattere står mere i gæld til andre, end de er klar over. Jeg skal derfor rette en tak til Peter Zinkernagel, med hvem jeg havde en korrespondance om hans filosofi, og et par gange havde lejlighed til at møde til udbytterige samtaler. Selvom jeg, som nævnt, er kritisk overfor dele af hans filosofi, har jeg samtidig lært meget af ham. Det samme gælder Kai Sørlander, som jeg har haft mange lærerige diskussioner med til stor inspiration. Der skal også rettes en tak til vennerne i Filosofisk Debatforum, hvor en gruppe af akademikere og studerende con amore læste og diskuterede filosofiske værker.

Kapitel 1

Om logikkens gyldighed

Filosoffen Peter Zinkernagel (1921-2003) indleder sin bog
"Virkelighed" med at skrive, at enhver konkret situation er
komplet uoverskuelig: "… selvom vi holder os indenfor hvad
man kan kalde praktisk, teknisk, videnskabelig, logisk sprog-
brug, kan næsten enhver videnskab bidrage med noget rele-
vant. Derudover kan den samme situation beskrives ved hjælp
af poetisk, religiøs, mystisk, humoristisk sprogbrug osv.… ."
  Normalt antager vi, at hvis udsagn i logisk-praktisk sprog-
brug kan være sande, skal de overholde logikkens regler, her-
under kontradiktionsprincippet (selvmodsigelsesprincippet);
et udsagn kan ikke være sandt, hvis man fremsætter en på-
stand, og i samme moment benægter den, f.eks. "det regner,
og det regner ikke". Kontradiktionsprincippet blev som en del
af den klassiske logik første gang formuleret af den græske
filosof Aristoteles (384-322 f.Kr.), men mere præcist formule-
rede han det som følger:" en ting kan ikke både eksistere, og
ikke eksistere" og "en ting kan ikke både besidde en egenskab,
og ikke besidde samme egenskab".
  Af mange filosoffer bliver dette princip betragtet som en
universel lovmæssighed ved sande beskrivelser af virkelighe-
den; kontradiktionsprincippet gælder alle steder, til alle tider
og under alle omstændigheder. I nærværende diskussion af
dette princip vil jeg tage udgangspunkt i Kant's (1724-1804)
skelnen mellem analytiske og syntetiske domme. Analytiske
domme vil altid være sande, idet de er sande alene i kraft af
de begreber, der indgår i sætningerne. F.eks. "alle ungkarle er
ugifte" eller "alle fysiske legemer har udstrækning". Det vil
således altid være sandt, at ungkarle er ugifte, da ungkarl be-

tyder ugift mand. Benægter man udsagnet, havner man i en selvmodsigelse (overtræder kontradiktionsprincippet) – f.eks. "Børge er en ugift mand, som er gift" – altså både ugift og gift, hvilket ikke kan være sandt. Modsat analytiske domme har vi syntetiske domme, hvis sandhed normalt må afgøres ud fra empiriske observationer, f.eks. "Donald Trump er gift" eller "dette legeme er 1 meter langt".

Men nu er spørgsmålet så, om det altid er sandt, at man ikke kan være både gift og ugift? Og dermed om den analytiske sandhed om, at alle ungkarle er ugifte er en universel sandhed? Efteråret 2014 (Ekstrabladet d.3/9 2014) kunne man i Ekstrabladet læse, at en indisk pige var blevet gift med en hund. If. den lokale overtro kunne man hæve en forbandelse, der hvilede over hende, ved at vie hende til en hund, som forbandelsen så blev overført til. Men hvad nu, hvis hun senere flyttede til f.eks. Danmark, og af myndighederne skulle registreres med civilstand som enten gift eller ugift? Mon ikke myndighederne ville vælge at registrere hende som ugift? Og ville hun så ikke være et eksempel på en person, der både var ugift og gift?

Det kunne tænkes, at man her kom i konflikt med en anden af den formelle logiks regler, nemlig identitetssætningen, som med symboler formuleres: "A=A" underforstået, at vi ved entydig sprogbrug altid må forstå præcist det samme ved et begreb in casu ordet: "gift", når vi bruger det i en given sproglig sammenhæng. Eller med andre ord, at vi definerer begrebet på samme måde hele vejen igennem. Det at være gift efter de regler og love, der gælder i Danmark, er ikke det samme, som de traditioner, der gælder i den omtalte indiske landsby. Men så kunne man hertil indvende hvad så, hvis man er gift i hemmelighed?

Under alle omstændigheder må man konkludere, at man

aldrig kan være 100% sikker på, at et udsagn er usandt, alene fordi det rummer en selvmodsigelse. Hvis man møder en person, der hævder, at han både er ungkarl og gift, kan man ikke være helt sikker på, at det er usandt – selvom det sandsynligvis er det. Kontradiktionsprincippet gælder ofte, men ikke altid; ingen regel uden en undtagelse.

Som Zinkernagel nævner, kan mange forhold også beskrives rigtigt med andet end logisk-praktisk sprogbrug f.eks. humoristisk sprogbrug, som leder tanken hen på skuespilleren Bodil Kjers udsagn om hendes ægtefælle Ebbe Rode: "Han var en glad ungkarl, da jeg mødte ham, hvilket han fortsatte med at være – også efter vi var blevet gift".

Fænomener kan også beskrives i religiøst-mystisk sprogbrug, som når taoisten Lao Tzu i kinesisk mystik udtaler sig om æstetik og etik med udsagnet: "Når alle i verden forstår, at skønheden er smuk, så eksisterer det hæslige; når alle forstår, at godheden er god, så eksisterer det onde".

Dette er et eksempel på en sprogbrug og en dialektik, hvor modsætningerne gensidigt forudsætter hinanden i modsætning til logisk sprogbrug, hvor modsætningerne gensidigt udelukker hinanden.

I poetisk sprogbrug er der også videre rammer for, hvordan man kan bruge ordene; man er ikke underlagt logikkens og objektivitetens snærende bånd. Et eksempel på dette er Oehlenschlägers digt: "Søndermarken" fra 1817, hvor han beskriver sin barndomserindring om det idylliske Norske parti, der ligger ca. 300 meter fra Frederiksberg slot, hvor Oehlenschläger boede som barn, da hans far var slotsforvalter der.

Partiet er i dag renoveret og bragt tilbage til sit oprindelige udseende, som et lille stykke Norge, hvor en norsk bjælkehytte fra toppen af klippen spejler sig i den lille sø , hvorover der går en lille bro.

Strofe 6: Medens Maanen hisset oven
Smiler bleg og rund,
Iler jeg til Graneskoven,
Til min norske lund,
Hulde gang af Poppelpile,
Du mit Kattegat!
I en Skynding hundred Mile
Rejst jeg er i nat

Strofe 7: Maanen ser på Bjælkehuset.
Hvor det vinker smukt!
Sært jeg föler mig beruset!
Af den ramme Lugt.
Tynde bro, mon ei du svigter?
Kjæk du bugter dig.
Her til Thors og Hakons digter
Kaldte Nornen mig.

Som det fremgår af strofe 6, beskriver han sin tur ned ad alleen, som en rejse på 100 mil, idet han forestiller sig, at han rejser til Norge, selvom der objektivt set kun er ca. 300 meter. Han bruger poetisk sprobrug i sin beskrivelse af, hvordan barnet med sin store fantasi, subjektivt oplever turen. Digteren må være tro mod sig selv, hvor filosoffen må være tro mod sandheden.

At udsagn både kan være inkonsistente eller selvmodsigende, og alligevel sande, kan der findes flere eksempler på. Bla. i A.E. Manders bog:"Lær at tænke logisk", som er en udmærket introduktion til logik og analytisk filosofi. I forbindelse med hans beskrivelse af en almindelig form for fejlslutning: det såkaldte "post hoc, propter hoc" argument, har han et eksempel fra økonomi. "post hoc, propter hoc" betyder direkte oversat "efter dette, pga. dette". Dvs. , at hvis noget følger efter noget andet, må sidstnævnte nødvendigvis være årsag til førstnævnte. Han hævder, at denne fejlslutning blev brugt, når man tilskrev Englands stigende velstand efter 1840 frihandelsprincippets indførelse, mens man samtidig tilskrev Tysklands voksende velstand indførelsen af beskyttelsestold. Iflg. Mander må dette være en fejlslutning, da det jo er selvmodsigende, at både frihandel og det stik modsatte (told), kan medføre øget velstand. Men tager man et spadestik dybere i en undersøgelse af eksemplet, vil man finde, at det ikke helt kan afvises at være sandt, alene fordi det et er selvmodsigende. Frihandel i England og beskyttelsestold i Tyskland kan for så vidt godt medføre øget velstand i begge lande, idet det afhænger af de to landes erhvervsstruktur. Hvis England havde en stor eksportsektor, kunne frihandel her betyde større afsætningsmuligheder for engelske firmaer, og dermed større velstand. Og havde Tyskland en stor sektor, der afsatte til hjemmemarkedet, men var hæmmet af konkurrence fra udenlandske virksomheder, kunne told, der beskyttede de tyske firmaer, betyde mere salg for disse virksomheder, og dermed mere velstand. Hvorvidt en given økonomisk politik medfører øget velstand, afhænger af den konkrete kontekst – af tid og sted. Eksemplet viser, at man kan komme til at trække for mange veksler på logikken, og komme med forhastede konklusioner vedrørende et udsagns sandhed eller falskhed.

I et interview med filosoffen Peter Zinkernagel i tidsskriftet "Den blå port" siger han, at man udmærket kendte kontradiktions principppet før Aristoteles gav en formel formulering af det. Han satte bare ord på noget, som alle vidste i forvejen. Enhver hestehandler på et græsk marked vidste, at når man havde givet håndslag på en handel, og hesten var solgt, kunne man ikke komme bagefter, og sige, at den ikke var solgt alligevel. Enten var den solgt, eller også var den ikke-solgt. Men her kunne man så indvende, hvad så med vor tids nethandler, hvor varer sælges med fortrydelsesret?, når en vare er solgt og betalt, men fortrydelsesfristen endnu ikke er udløbet, er den så ikke på en måde, både solgt og ikke-solgt? eller rettere noget midt imellem solgt og ikke-solgt? Køber kan jo stadig nå at fortryde, og annullere den.

Man kunne måske bruge sandsynlighedsbegrebet, og hævde, at varen sandsynligvis er solgt, men selv ved anvendelsen af sandsynligheder i sammenhæng med logikken, kan man løbe ind i problemer, hvilket følgende eksempel fra Wilfred Hodges lærebog i logik "Logic" s.238 (Penguin books, 1977) . Eksemplet er fra kapitlet "Horizons of logic", der beskæftiger sig med nyere udviklinger indenfor logikken, herunder sandsynlighedsbegrebet. Bogen er blevet brugt som lærebog i logik på filosofi studiet på Kbh. Universitet:

Likelihood

42.1
"It'll probably be a boy.
It'll probably be a girl.

These two sentences can't both be true at once – if it's probably a boy, then it's not likely to be a girl. So we have an inconsistency... "

Og han fortsætter diskussionen:"... consider the sentences:

42.2
It'll probably be a boy
it'll be a girl

The sentences of (42.2) are not inconsistent, because they may both be true at once. Improbable things happen... "

De to udsagn: "det bliver sandsynligvis en dreng" og "det bliver sandsynligvis en pige" er altså inkonsistente, og kan derfor ikke begge være sande.

Men hvad nu, hvis alt peger på, at det bliver en tvekønnet, hermafrodit eller transkønnet? Er det så usandt at hævde, at det sandsynligvis både bliver en dreng og en pige? Eller er det de begreber og kategoriseringer, vi bruger i vores beskrivelser af virkeligheden, der er utilstrækkelige? Skal man ligesom i Sverige bruge en kønsneutral betegnelse som "hen" i stedet for "han" og "hun".

I sportsverdenen har man haft problemet på det helt konkrete, praktiske plan, i forbindelse med den sydafrikanske løber Caster Semenya, som var født kvinde, men med et usædvanligt højt niveau af det mandlige kønshormon testosteron. Hun vandt alle løb i kvindernes rækker, men blev tvunget til at tage testosteron nedsættende medicin, hvis hun skulle fortsætte som deltager i løbene for kvinder.

Vores verbale beskrivelser, vores begreber og reglerne for, hvordan vi bruger dem (herunder logikkens regler) er noget forstanden påfører virkeligheden, og er således en del af kortet. Ikke af virkeligheden. De hjælper os med at kunne overskue verden og vores situation, og at kommunikere herom, ved at skabe orden og sammenhæng.

Den klassiske logik bygger på en dualistisk tænkning, som er typisk for den vestlige filosofiske tradition siden Platon (ca. 428/427-348/47 f.Kr.) . Klassiske dualistiske kategoriseringer er: sjæl-legeme, subjekt-objekt, årsag-virkning, kvinde-mand, lys-mørk, og man kunne fortsætte dansker-udlænding, eksemplerne er legio. Men sprogets kategoriseringer er kun mere eller mindre præcise og velegnede afbildninger af verden. Der er erkendelser, som ligger hinsides sproget, og mellem sprogets kategorier ligger alle gråzonerne og nuancerne.

Mellem lys og mørk ligger alle de grå nuancer, med henvisning til den moderne lægevidenskab (og alternativ behandling) ved vi, at sjæl og legeme hænger snævert sammen, og måske bedre kan forstås holistisk – som en enhed; kost, motion, alkoholindtagelse m.m. påvirker både vores sjæl og legeme samtidigt. Mht. dansker-udlænding kunne man spørge, hvordan det forholder sig med en person, som er født i Danmark af udenlandske forældre, og har boet hele sit liv i Danmark, men har statsborgerskab fra forældrenes hjemland.

Virkeligheden er ofte nuanceret og grumset, og sproget og logikken er kun tilnærmelser omend nyttige redskaber til forståelse og kommunikation.

Kapitel 2

Logikken og den moderne fysik

Som beskrevet i det foregående synes virkeligheden ikke altid at kunne beskrives indenfor logikkens rammer; paradokser eller selvmodsigelser forekommer. Selv ved beskrivelser af den fysiske virkelighed forekommer paradokser. Når man vil beskrive fænomener indenfor det uendeligt lille – den subatomare virkelighed – har det vist sig vanskeligt at anvende vores begreber på normal vis, altså i logisk praktisk sprogbrug, hvor logikken og kontradiktions princippet skal overholdes, hvilket normalt kræves, når vi skal give objektive beskrivelser af den fysiske virkelighed.

Således sagde fysikeren Werner Heisenberg, der arbejdede sammen med Niels Bohr om udviklingen af kvantemekanikken:"sprogproblemet er virkeligt alvorligt. Vi ønsker at tale om atomerne på en eller anden måde..men vi kan ikke tale om atomerne i almindeligt sprog. Eller:" Det vanskeligste problem.vedrørende sprogets anvendelse opstår i forbindelse med kvanteteorien. Her har vi indtil videre ingen enkel ledetråd for, hvordan vi skal sammenholde de matematiske symboler med det almindelige sprogs begreber; og det eneste sikre udgangspunkt vi har, er den kendsgerning, at vores sædvanlige begreber ikke kan anvendes på atomernes opbygning".

I det flg. Citat nævner han eksplicit problemet med at give konsistente beskrivelser indenfor atomteorien:"..derfor er vi i denne proces lejlighedsvist tvunget til at bruge vore begreber på en måde, som ikke kan retfærdiggøres logisk, og som i et vist omfang må betegnes som meningsløs. Hvis vi fastholdt kravet om fuldstændig logisk klarhed, ville det sandsynligvis umuliggøre videnskaben. I den moderne fysik bliver vi mindet om den gamle sandhed, at den, der insisterer på aldrig at sige noget forkert, må tie".

Under normale omstændigheder, når vi taler om den fysiske virkelighed, må vi bla. Overholde flg. Formulering af Aristoteles' kontradiktionsprincip: "en ting kan ikke både besidde en egenskab, og ikke besidde samme egenskab". Men denne regel syntes ikke at kunne overholdes, når man skulle beskrive, hvad lys var. Bohrs dobbeltspalteeksperiment viste, at lys havde en dual karakter – nogle gange optrådte det som partikler, andre gange som bølger, altså med vidt forskellige egenskaber.

Kort fortalt går dobbeltspalteeksperimentet ud på, at der fra en elektronkanon sendes lys mod en fotografisk plade. Men imellem er der en metalplade, der i den ene forsøgsopstilling har én spalte åben, og i den anden to spalter. Når kun en spalte var åben afsatte lyset spor som en partikel (en foton) på den fotografiske plade, men når to spalter var åbne afsatte det spor som bølger. Dvs. der aftegnedes interferensmønstre, som kun bølger kan udvise. Partikler og bølger er to vidt forskellige fænomener, idet partikler kun udfylder et punkt i rummet, mens bølger er udstrakte i rummet, og kan forstærke og svække hinanden, altså interferere.

Det er en almindelig antagelse, at det paradoksale ikke skyldes problemer med måleudstyret, eller med at foretage målinger på noget, der er så småt. (et atoms diameter er en 100 milliontedel af en centimeter). Paradokset er en ved elektromagnetisk stråling iboende karakter.

Det selvmodsigende sammenfattedes i mottoet i Bohr's våbenskjold:" Contraria sunt complementa", (modsætningerne er komplementære), illustreret med det kinesiske Yin og Yang symbol.

I sin beskrivelse af fænomenet forsøgte Bohr, at overkomme dette ulogiske og selvmodsigende resultat i sin fortolkning af kvantemekanikken. Han sagde, at selve forsøgsopstillingen eller målingen vekselvirker med det, der måles på, således at forskellige forsøgsopstillinger altid vil give forskellige måleresultater, in casu bølger eller partikler. En verbal beskrivelse af, hvad lys er, må derfor altid ske i sammenhæng med en redegørelse for den konkrete forsøgsopstilling, og det giver ikke mening at spørge om, hvad lys er, sådan overordnet set. Giver man verbale beskrivelser af, hvad lys er i konkrete forsøgssituationer, er det også muligt at give konsistente og entydige beskrivelser.

Dette skal også ses i sammenhæng med videnskabsmandens arbejdsbetingelser, idet en forsker efter de videnskabelige principper, altid skal kunne redegøre for, hvordan forskningsresultaterne er opnåede.

En hvilken som helst anden forsker skal kunne opnå de samme resultater, hvis han følger den samme metode og anvisninger på forsøgsopstillinger m.v., hvilket er i tråd med videnskabelige idealer om objektivitet osv.

Men hvad nu, hvis vi forlader fysikerens forsøgsapparatur, og bevæger os ud af hans laboratorium, og vil tale om det lys, der hver dag møder vores øjne fra solen, billygter, lamper m.v., og stiller spørgsmålet om hvad det er? Bølger eller partikler?ja, så kan vi kun besvare det med et paradoks, og sige, at det er begge dele. Dette er en anskuelse, som også den amerikanske fysiker Fritjof Capra har, hvor vi må tale om lysets dualitet.

Den alsidige begavelse Piet Hein, som udover at være designer og digter, også studerede atomfysik hos Bohr, forsøgte sig med en alternativ brug af ordene i poetisk sprogbrug med en beskrivelse af den atomare virkelighed i flg. Digt fra 1941:

NIELS BOHR

Vor drøm at altets ånd er een
drev os mod stoffets byggesten.

*

Kemien bar sit vidne til
om mindstedeles sammenspil.

Fysikken spored deres færd,
og eneren blev bragt os nær.

Dér i atomets lidenhed
lå stoffets gåde manet ned.

*

Men det vi inderst stødte på
var solsystemet i det små.

Et knudepunkt ved tingens rod,
hvor loven gik sig selv imod.

Et elementets element
med paradoxet sammenspændt.

*

Da kom han med sit vide sind
og drog en større verden ind.

Han hvisked, å så tyst og vart,
Små ting der gjorde alting klart.

Atomets enkle harmoni,
Som stof og stråler samles i.

En kode til det kundskabsfond,
Der står i spektrets regnbubånd.

Der lå i lilleverdnens skal
Naturens luner løst i tal.

*

Et tegn af mennesketanker gjort,
Et varetegn, stjærnebilledstort.

Et sluttet værk, et sidste ord?
Nej ånd, hvoraf det evigt gror.

Selvom digtet ikke direkte rummer selvmodsigelser i sin sprogbrug – hvilket jo er tilladt i poesi – nævnes dog det selvmodsigende i atomteorien i sjette og syvende vers "... hvor loven gik sig selv imod" og "... med paradoxet sammenspændt".

Kapitel 3

Logikken og den nyere matematik

Som beskrevet i det foregående, må vi opgive den tanke, at vi når vi beskriver virkeligheden i vores dagligsprog eller ved hjælp af praktisk sprogbrug, nødvendigvis skal overholde logikkens regler, hvis disse beskrivelser skal være sande. På mange forskellige områder af virkeligheden – selv den fysiske verden – må vi sande, at selvmodsigelser og paradokser forekommer, hvorfor vi ikke altid behøver at give konsistente (modsigelsesfri) verbale beskrivelser.

Logikken er ligesom – sproget generelt – noget forstanden påfører virkeligheden, og er altså en del af kortet, men ikke virkeligheden eller verden.

For de fleste fremstår matematikken og regneregler, som noget af det mest logiske, der findes. Ligesom det tidligere er blevet diskuteret, har kravet til logiske regler været, at de er universelle eller kontekstfri; reglerne bør gælde alle steder, til alle tider og under alle omstændigheder. Ligesom med regnereglerne: 1+1=2 uanset om man befinder sig på jorden eller på månen, i dag, for 10.000 år siden eller om 10.000 år; det er evigt gyldige regler.

Således betragtede man i oldtidens Grækenland geometrien, som en guddommelig åbenbaring; den fuldkomne kombination af logik og skønhed. Filosoffen Platon skulle have hævdet, at Gud er geometriker, og over indgangen til hans akademi i Athen, skulle der have stået: "Kun hvis du kender geometrien, kan du komme ind her". Han antog, at geometrien var noget i naturen iboende – f.eks. at himmelrummets former måtte være fuldkomment geometriske. Den æstetiske dyrkelse af geometrien genfindes i øvrigt indenfor den retning i den moderne kunst, som kaldes konkret realisme, hvor man benytter grundlæggende geometriske former. Den hollandske maler Mondrian var en kendt pioner på dette felt, som også har en repræsentant i den danske odsherreds maler Arne Heuser.

Men siden den græske oldtid og frem til 1900 – tallet kom geometrien til at spille en ikke uvæsentlig rolle indenfor vestlig filosofi. Specielt kom den til at fungere som forbillede for den filosofiske retning, der kaldes rationalismen, og filosoffen Kant hævdede, at det anskuelige rum kunne beskrives indenfor rammerne af den euklidiske geometri.

Den græske matematiker Euklid (ca. 325-265 f.Kr.) skabte med sin geometri verdenshistoriens første aksiomatiske system, som kom til af danne forbillede for al senere matematik. Princippet er, at man med udgangspunkt i nogle grundlæggende aksiomer – nogle selvindlysende sande sætninger eller definitioner – deducerer sig frem til geometriens øvrige regler.

Indtil 1800 – tallet havde Euklids geometri for filosoffer og matematikere stået som indbegrebet af sand viden, men matematikeren og filosoffen Poincaré havde forgæves forsøgt at bevise det, der kaldes Euklids femte postulat – eller parallelpostulatet. Den almindeligste formulering af dette siger, at der gennem et givet punkt kun kan trækkes en parallel linje til en given ret linje. Men kort tid efter fører en russisk og en ungarsk matematiker – Lobatjevski og Bolyai – bevis for, at det ikke kan lade sig gøre at bevise postulatet. Og ydermere skaber Lobatjevski en ny ikke-euklidisk geometri, som var konsistent og anvendelig, men i et modsætningsforhold til traditionel euklidisk geometri. Den nye geometri var anvendelig på flader med flere krumninger, i modsætning til den gamle geometri, som gjaldt for plane to-dimensionale flader. Denne opdagelse fik imidlertid store erkendelsesteoretiske konsekvenser, og rystede hele den matematiske verden. Matematikken kunne nu ikke længere ses som et stort logisk sammenhængende system, men man måtte sande, at matematikken var selvmodsigende eller inkonsistent. Man stod nu med to forskellige former for matematik, der hver for sig virkede fint, og var anvendelige på hvert deres område, men var indbyrdes selvmodsigende.

Dette udløste det, der senere er blevet kendt som grundlags krisen i matematikken, som gav filosoffer og matematikere hovedbrud i årene efter.

Da der først var gået hul på bylden, og euklidisk geometri ikke længere ansås for at være enerådende, opfandt tyskeren Riemann endnu en geometri, ved at bryde med Euklids første aksiom, der siger, at der gennem to givne punkter kun kan trækkes en ret linje. (Dette kan være svært at forestille sig visuelt, men kan illustreres på krumme flader). Den riemannske geometri virkede fint på sit område, og var konsistent indenfor sine egne rammer, men i et modsætningsforhold til såvel Euklids som Lobatjevskis geometri. Det stod nu for alvor klart, at matematikken var selvmodsigende.

Ifølge relativitetsteorien giver den riemannske geometri den bedste redegørelse for den verden, vi lever i.

Kapitel 4

Kritik af Sørlander

I filosoffen Kai Sørlanders første bog:"Det uomgængelige" beskrives grundlaget for hans filosofi. Den indledes med samme sætning, som Wittgenstein indleder sin afhandling: "Tractatus" med: "Verden er alt, hvad der er tilfældet" – "Alt, hvad der kan beskrives i sande påstande". Ligesom den yngre Wittgenstein opfatter han altså verden, som en sum af kendsgerninger, men herefter følger Sørlander sit eget spor – går sine egne veje.

Han definerer filosofiens opgave som at fastlægge de nødvendige træk ved verden og vores situation som mennesker. Disse uomgængelige træk ved verden, mener han at kunne fastlægge ved anvendelsen af modallogikkens begreber: "mulig" og "nødvendig"; det, der er nødvendige træk ved vores verden, er det, som er nødvendigt i enhver mulig verden. Og hvad der således er nødvendigt i enhver mulig verden, kan ikke bygges på erfaringen eller vores empiriske observationer, men besvares ved det, der ikke konsistent kunne være anderledes; det, der ikke kan benægtes af nogen under nogen tænkelige omstændigheder uden, at man kommer til at modsige sig selv. Ved anvendelsen af denne metode bygger han på Kant's skelnen mellem hhv. Analytiske og syntetiske domme. Som beskrevet i kapitel 1. er analytiske domme udsagn, der er sande alene i kraft af de begreber, der indgår i udsagnet. De vil således altid være sande uafhængigt af vores empiriske erfaringer. Som det tidligere er diskuteret, er det udsagn som: "alle ungkarle er ugifte" eller "alle fysiske legemer har udstrækning". Benægter man det førstnævnte udsagn, havner man i en selvmodsigelse, og overtræder Aristoteles' kontradiktionsprincip. Da ungkarl er synonym med ugift mand, er det selvfølgelig selvmodsigende samtidig at hævde, at denne mand også er gift. Syntetiske domme er derimod udsagn, hvis sandhed som regel må afgøres på grundlag af empiriske erfaringer. F.eks. Niels er ugift eller dette legeme er 1 meter langt.

Jf. Sørlanders filosofi må de nødvendige træk ved verden altså bestemmes som en række analytiske domme.

Men derudover mener han også, at de bør være således beskafne, at de ikke konsistent kan benægtes af nogen, under nogen tænkelige omstændigheder, hvorved hans filosofi også kommer til at bygge på Aristoteles' kontradiktionsprincip, og en forudsætning for hans filosofi er derfor den universelle gyldighed af selvmodsigelsesprincippet.

Med udgangspunkt i bogens indledende definition af, at verden er alt, hvad der er tilfældet; alt, hvad der kan beskrives i sande påstande, deducerer han sig frem til de nødvendige eller uomgængelige træk ved vores verden ved hjælp af hans teori om den indbyrdes afhængighed mellem betydningen af betegnelser og konsistensrelationer mellem påstande. Teorien hævder, at en betegnelses betydning bestemmes af, hvorledes påstande, hvori denne betegnelse anvendes, er forenelige eller uforenelige med påstande, hvori der anvendes andre betegnelser. F.eks. gives betydningen af, at noget er rødt af, hvorledes denne påstand står i konsistensrelation med påstanden om, at noget er gult eller farvet. Men på den anden side siger teorien også, at konsistensrelationen mellem påstande gives af betydningen af de betegnelser, hvormed de udtrykkes. F.eks. er påstanden om, at noget er rødt, og noget er farvet to påstande, som indbyrdes er konsistente (ikke selvmodsigende). Hvorimod påstanden om, at noget er rødt, og noget er gult, er to inkonsistente påstande – er selvmodsigende. Hvis vi vil hævde, at begge påstande er sande, ophæver vi betydningen af begreberne rødt og gult – vi ved ikke, hvad vi skal forstå ved dem. Jf. denne teori vil det samme gælde, hvis man på samme tid hævder, at en person er ungkarl og tillige gift. Da ungkarl betyder ugift mand, ophæver vi (iflg. Teorien) betydningen af begreberne ungkarl og gift – vi havner i en selvmodsigelse. (Hvad skal man forstå ved en ugift mand, som også er gift?). Noget lignende kan siges om de to påstande, at noget er et fysisk legeme samt, at det ikke har nogen udstrækning – vi ophæver betydningen af fysisk legeme, hvis vi samtidig hævder, at det ikke har nogen udstrækning. Hvad skal man forstå ved et fysisk legeme, som ikke har nogen udstrækning?

Som sagt er det ved hjælp af denne teori om vores begreber, og hvordan de bør anvendes, at Sørlander mener at kunne deducere sig frem til de nødvendige eller uomgængelige træk ved verden.

Han starter med at deducere sig frem til de nødvendige træk ved den fysiske virkelighed – bla. At verden må eksistere i tid og rum og, at der er kausalitet, derefter slutter han sig til de nødvendige træk ved den biologiske virkelighed, og senere til den psykologiske, etiske og sociale virkelighed. I nærværende bog vil det komme for vidt at beskrive disse deduktioner; jeg vil nøjes med at beskæftige mig med grundlaget for hans filosofi.

Som det fremgår af det foregående, mener Sørlander at have fundet et sikkert grundlag for vores erkendelse ved anvendelsen af kontradiktionsprincippet, hvorfor hans teori forudsætter den universelle gyldighed af dette. Men som jeg har argumenteret for i kap.1, mener jeg ikke, at dette princip kan siges at gælde med universel gyldighed. Det er en regel for anvendelsen af vores begreber, og den gælder meget ofte, men der gives ingen regler uden undtagelser. Jeg beskriver selv eksempler på, at man under visse omstændigheder kan være både gift og ugift samt, at en vare kan være både solgt og ikke solgt på samme tid. Verden er altså ikke altid logisk opbygget, men rummer også paradokser og selvmodsigelser, hvorfor jeg mener, at Sørlander ikke har fundet noget 100% sikkert grundlag for sin epistemologi.

Af hans bog "Indføring i filosofien" fremgår det, at han vender sig imod de to filosofiske retninger, der kaldes hhv. skepticismen og relativismen. Skepticismen kan vel bedst karakteriseres med Sokrates' ord om, at det eneste jeg ved er, at jeg ikke ved noget. Den filosofiske skeptiker benægter helt principielt, at det er muligt at nå sikker viden. Men iflg. Sørlander er dette et uholdbart filosofisk standpunkt. I og med, at skeptikeren rent principielt benægter, at det er muligt for noget menneskeligt væsen at få sikker viden, så hævder han selv at have en viden, som gælder for *alle* menneskelige væsner. Og dermed modsiger han sig selv; overtræder kontradiktionsprincippet.

Den filosofiske relativist hævder, at det som tænkende væsen kun er muligt at nå en viden, som er relativ til ens konkrete situation i verden – specielt til ens kultur eller biologi. Sørlander mener også, at dette filosofiske standpunkt er uholdbart, idet relativisten hævder, at dette vilkår er universelt og gælder for alle tænkende væsner, og dermed havner i en selvmodsigelse.

Ved hjælp af denne logiske argumentation mener Sørlander altså at kunne fastslå, at det ikke principielt kan udelukkes, at der findes et sikkert grundlag for vores erkendelse.

Jeg mener imidlertid ikke, at Sørlanders måde at bruge logikkens regler på i ovennævnte sammenhænge er holdbar. Med hans argumentation kommer han til at trække for mange veksler på logikken. Logikken har sine begrænsninger, som selv middelalderens skolastikere var opmærksomme på.

Sørlanders måde at argumentere på, synes beslægtet med det såkaldte "løgnerparadoks", som allerede er nævnt i Bibelen. I et brev til Titus bringer Paulus følgende citat af profeten Epimenides: "En af dem, en profet af deres midte, har sagt: "Kreterne lyver bestandig... " Dette vidnesbyrd er sandt". (Titus 1. v. 12-13) Men hvordan kan dette være sandt, når det indebærer, at alle kretere lyver, og Epimenides selv er kreter? Jævnsides løgner paradokset har vi historien om barberen i en lille by, som har besluttet, kun at barbere dem, der ikke barberer sig selv. Men problemet er, om han så skal barbere sig selv? Han skal åbenbart kun barbere sig selv, hvis han ikke barberer sig selv, hvorved vi havner i en selvmodsigelse.

Indenfor den matematiske logik udførte den store logiker Kurt Gødel i 1931 det berømte "Gødels bevis", som beviste, at der indenfor matematikken gives sande sætninger, som ikke kan bevises. Beviset har fået praktiske konsekvenser indenfor computervidenskaben, og løgner paradokset og Gødels bevis har påvist nogle grænser for logikkens rækkevidde. Nogle sandheder formuleret i et fast formelt sprog i relation til et nok så godt aksiom system, kan ikke bevises. Når det gælder formelle systemer af en vis kompleksitet, må vi altså forlene os med, at der findes rationelt holdbare sammenhænge, som ikke kan bevises indenfor systemet. Logikken eller enhver filosofi, der er opbygget ved hjælp af logiske systemer har sine grænser; den kommer til kort overfor en række problemer. Med andre ord er sandheden større end beviseligheden – virkeligheden er større end erkendelsen, og vi kan derfor tale om transcendens i forhold til sandhedsbegrebet.

Kapitel 5

Zinkernagels begrebsforvirring

Som jeg tidligere har argumenteret for, mener jeg ikke, at den formelle logiks regler kan siges at gælde universelt – altså uden undtagelser. Men i sin bog: "Virkelighed" hævder den danske filosof Peter Zinkernagel (1921- 2003) , at ikke blot den formelle logiks regler gælder, men også nogle nye regler, som han første gang beskriver i sin filosofiske doktordisputats "Omverdensproblemet" fra Københavns Universitet 1957. Ved hjælp af disse regler modbeviser han en af filosofiens klassiske erkendelsesteoretiske problemstillinger, det såkaldte omverdensproblem, ved at vise, at der slet ikke er noget omverdensproblem. Omverdensproblemet som således skulle være et pseudoproblem, blev første gang beskrevet af den irske filosof George Berkeley (1685-1757), men mere om det senere.

De nye logiske regler, som Zinkernagel mener at have opdaget hævder, at der gives nogle nødvendige relationer mellem størrelser, som altid må respekteres, hvis man skal give sande og meningsfulde beskrivelser af virkeligheden. Således er det et generelt vilkår for beskrivelse, at en person er noget, der nødvendigvis må have en krop (som noget materielt med udstrækning i rummet) eller, som nødvendigvis kan befinde sig i en konkret situation og som noget, der har rettigheder. Disse nødvendige relationer er generelle vilkår for beskrivelse, idet et hvilket som helst udsagn kan forvandles til meningsløst vrøvl, hvis de overtrædes. Han nævner selv eksemplet "personen kørte overfor rødt lys, men havde ingen krop", men man kunne også nævne "personen lå på briksen, men havde ingen krop". Vi vil heller ikke kunne forstå udsagnet "Peter er en person, der aldrig har befundet sig i en konkret situation", og iflg. Zinkernagel forsvinder begrebet "person", som noget vi kan tale om i normal forstand , hvis man hævder, at denne ikke har nogen rettigheder.

Jf. ovennævnte eksempler giver Zinkernagel en generel definition af logik: Logik er nødvendige relationer mellem størrelser, og størrelser er det, der eksisterer i kraft af disse relationer.

Altså er det en nødvendig relation mellem størrelserne person og krop, at en person nødvendigvis er noget, som har en krop, og en krop er noget, som en person nødvendigvis har. Størrelserne person og krop eksistere kun i kraft af denne relation, som således angiver et generelt vilkår for beskrivelse – eller en universel regel. Det skulle derfor gælde altid, alle steder og under alle omstændigheder, at personer har kroppe.

Som tidligere nævnt bruger han denne relation i sit opgør med Berkeleys omverdensproblem, som kort fortalt består i, at vi mennesker, når vi oplever omverdenen, kun kan forholde os til de sansedata, vi har af ting i omverdenen, men ikke kan vide, om disse ting eksisterer uafhængigt af vores sanseindtryk. F.eks. når vi ser et askebæger på bordet foran os, kan vi føle det ved berøring (vi har en følelsesoplevelse), vi kan lugte det (vi har en lugteoplevelse), og vi kan se det (vi har et synsindtryk af det). Det eneste vi med sikkerhed har kendskab til er disse sanseerfaringer af tingen. Og fra disse sansedata kan vi ikke med sikkerhed drage nogen slutning om denne tings uafhængige materielle eksistens. Det eneste vi med sikkerhed kan udtale os om, er derfor vores sanseerfaringer eller sansedata af tingen. Sansedata som noget, der er i vores bevidsthed. Ifølge omverdensproblemet kan vi altså ikke med sikkerhed vide noget om den materielle omverdens eksistens.

Problematikken kunne forekomme plausibel, da vi ved, at vi kan have meget livagtige drømme, når vi sover. Drømme som virker meget virkelighedstro, eller vi kan have hallucinationer, hvor vi mener at se ting eller personer, som ikke eksisterer. Hvordan kan vi i situationen kende forskel på en meget virkelighedstro hallucinatorisk oplevelse, og så en oplevelse af noget virkeligt?

Zinkernagel bruger den nødvendige relation mellem person og krop, når han modbeviser dette omverdensproblem. Hvis jeg sidder ved et bord, og Berkeley sidder på stolen overfor mig, hvordan kan jeg så være sikker på, at personen rent faktisk også sidder der? At jeg ikke bare har nogle sanseindtryk af ham? En synsoplevelse af en person, der sidder overfor mig, en lugteoplevelse af ham, og en berøringsoplevelse af ham, hvis jeg rører ved ham.

Det eneste jeg så at sige har direkte adgang til, er jo disse sanseindtryk, som kun eksisterer i min egen bevidsthed. Og hvordan skulle jeg kunne kende forskel på disse og en meget livagtig drøm? Kan jeg med sikkerhed vide, at en levende person: Berkeley i realiteten sidder overfor mig.? Iflg. Zinkernagel kan man godt sige dette med sikkerhed. For hvis udsagnet:" personen Berkeley sidder på stolen overfor mig" er sandt, så betyder det ikke blot, at jeg har nogle sanseoplevelser af ham. Pga. den nødvendige relation mellem størrelserne person og krop, betyder det også, at der sidder en person, som har en fysisk krop som noget materielt, og som har udstrækning – altså udfylder en del af rummet – og derved begrænser mine handlemuligheder i rummet; jeg kan således ikke gå igennem det sted, hvor personen Berkeley sidder pga. hans fysiske krop, og jeg kan heller ikke sidde på stolen det sted, hvor personen Berkeley sidder pga. hans fysiske krop.

Hermed mener Zinkernagel at have knyttet en direkte forbindelse mellem vores sanseoplevelser af virkeligheden, og den materielle virkelighed, som eksisterer uafhængigt af vores oplevelser af den – af rent logisk grunde. Omverdens-problemet skulle derfor være en logisk umulighed – eller et pseudoproblem.

Men spørgsmålet er så, om det er en universel sandhed, at alle personer har kroppe? Logiske regler er a priori sandheder om verdens indretning, og gælder uafhængigt af vores empiriske erfaringer. Hvis der kan findes bare et eksempel på en person uden krop, er det ikke længere logik, at alle personer har kroppe. I den forbindelse må vi have en begrebsafklaring. Hvis en person skal kunne siges at have en krop, betyder det, at han som minimum må have torsoen. Man kan godt mangle både hoved og lemmer, og alligevel have sin krop, hvis torsoen stadig er der. Diskussionen kunne måske forekomme noget morbid, men begrebsanalysen er nødvendig ved en undersøgelse af holdbarheden af Zinkernagels påstande. Men kan der findes eksempler på personer uden kroppe? Og her ser jeg bort fra det eksempel, hvor en afdød har fået opløst sin krop i et syrebad eller en historie, som jeg har fået fortalt om den franske revolution, hvor det siges, at man kunne iagttage en person blinke med øjnene et sekund efter, at hans hoved var hugget af i guillotinen; efter det var adskilt fra kroppen.

I Metro Express d.27/2-2015 citeres den britiske avis The Guardian for, at den italienske læge Sergio Canavero sammen med sit hold af kirurger i juni i Maryland i USA sammen med neurokirurger vil drøfte planerne om at kunne transplantere et menneskes hoved til en anden persons krop. Han mener at teknikken og arbejdsgangen i en sådan proces ikke er langt væk. Formålet med en sådan operation skulle være at hjælpe personer, der har et rask hoved men en krop, som er ramt af en dødelig sygdom. At en kirurg som en anden dr. Frankenstein en gang i fremtiden muligvis vil kunne udføre denne operation lyder fantastisk. Men det er måske ikke så overraskende i betragtning af, at man allerede i mange år har kunne transplantere organer som hjerte og lunger.

I relation til Zinkernagels påstand om, at det er en logisk regel, som altså skulle gælde a priori og universelt, at en person nødvendigvis har en krop, må man spørge, om dette også gælder, hvis der bare er en vis chance for, at kirurger en gang i fremtiden muligvis vil kunne transplantere en persons hoved over på en anden persons krop? Svarer man ja til sidstnævnte, må man acceptere, at der findes situationer, hvor en levende person ikke har en krop, eller befinder sig et sted i rummet præcist, hvor en anden persons krop er. Man vil så meningsfuldt og sandt kunne sige: "personen Peter sidder på stolen, præcis det sted, hvor Jonas krop befinder sig, hvis altså Peters hoved er transplanteret over på kroppen fra en person, der hed Jonas. I modstrid med Zinkernagel vil man også meningsfuldt og sandt kunne fremsætte udsagnet: "personen lå på briksen, men havde ingen krop". Hvis altså hovedet fra en person lå på en briks på operationsstuen i forbindelse med en igangværende transplantation.

Det kan altså ikke siges at være en umulighed, at det engang i fremtiden vil kunne forekomme, at en levende person kun har et hoved og ikke en krop, hvorfor det ikke kan siges at være en logisk a priori universel sandhed, at alle personer altid har kroppe. I denne forbindelse fristes man til at erindre Adornos ord om, at vore begreber altid vil halte efter kendsgerningerne. Med de nye fremskridt indenfor kirurgien har virkeligheden overhalet Zinkernagel og hans begrebsanalyse inden om.

Mht. Zinkernagels påstand om, at det er logik, at en person nødvendigvis må være noget, som kan befinde sig i en konkret situation og, at situationer er noget personer kan befinde sig i, er jeg enig. Jeg kan ikke forestille mig, hvordan en person skulle kunne eksistere uden at befinde sig i en konkret situation. Men kæden hopper helt af for ham, når han hævder, at det er logik, at personer har rettigheder. Dette spørgsmål ligger indenfor området: etik, moral eller politik og ikke logik, idet en person kun har rettigheder i det omfang, at han er omgivet af personer, som føler sig forpligtede til at respektere disse rettigheder. Desværre er historien fuld af eksempler på personer, hvis rettigheder ikke er blevet respekteret. Slaverne i antikkens Rom havde vel ikke rettigheder? Eller et endnu bedre (eller værre) eksempel er fangerne i nazisternes KZ-lejre. De havde ikke engang retten til at få lov til at leve, men blev henrettede. Menneskehedens lange historie har vist, at rettigheder ikke kommer af sig selv – ikke kan tages for givet som logik – men er noget man må tilkæmpe sig gennem politisk arbejde. Og som filosoffen Kai Sørlander i en samtale nævnte for mig, gælder der den nødvendighed, at det som er nogles rettigheder, må være andres forpligtelser. F.eks. er nogles ret til sociale ydelser andres forpligtelse til at betale det samme beløb i skat osv. I samfundsdebatten kan man derfor ikke diskutere rettigheder uden at tage begrebet forpligtelser med i diskussionen, hvis alle aspekter af en sag skal belyses.

Kapitel 6

Opgør med Favrholdt

I sit opus magnum "Filosofisk Codex" argumenterer filosoffen David Favrholdt for, at der kan gives et sikkert grundlag for vores erkendelse. Og ligesom Kai Sørlander tager han et opgør med skepticismen og relativismen som filosofiske retninger.

Grundlaget for vores erkendelse finder han gennem en analyse af den måde, vi i sproget, anvender vores begreber på, når vi vil give sande beskrivelser af virkeligheden. Når vi giver sande beskrivelser, bør vi iflg. ham følge den formelle logisk regler og i sammenhæng hermed en række interdependente begreber, som alle tungemål har ord for. Og det er ikke uden grund, at vi bør overholde logikkens regler, og anvende disse begreber, som vi gør, da det er dikteret af verdens beskaffenhed og vores erkende- situation.

Hvis vi f.eks. skal beskrive et stearinlys, må vi overholde kontradiktionsprincippets regel om, at det ikke både kan eksistere, og ikke-eksistere. Men dette princip må vi anvende i sammenhæng med andre begreber bla. Begrebet tid. For et stearinlys kan jo godt eksistere kl.17, men være brændt ned 5 timer senere kl.22, og derfor ikke eksistere længere. Så når vi anvender selvmodsigelsesprincippets regel om, at det ikke både kan eksistere, og ikke eksistere, bør vi tilføje "til et og samme tidspunkt". Begrebet tid må altså anvendes i sammenhæng med logikkens regler. Men vi kan ikke anvende begrebet tid uden i sammenhæng med mekaniske ting, som vi måler tiden med. Dvs. ure – hvad enten det er mekaniske, elektroniske eller solure. Og registrerer vi tiden ved hjælp af et mekanisk ur, må vi også bruge begrebet bevægelse, da viseren bevæger sig samt talord og antal til angivelse af klokkeslæt og tidspunkter. Så begreber som bevægelse, forandring, tid og logikkens principper må altså ses eller forstås i sammenhæng med hinanden. Således opremser han en række fundamentale begreber, der så at sige, hænger sammen som et netværk af ord, og som er nødvendige, hvis vi skal give entydige beskrivelser af verden – eller beskrivelser ved hjælp af logisk praktisk sprogbrug.

Andre begreber er ord som bevægelser, tid og hastighed. Som bekendt er hastighed defineret som bevægelse pr. tidsenhed f.eks. km/timen, hvorfor det ikke giver mening at tale om hastighed uden i sammenhæng med begreber for tid og bevægelse, og disse begreber forudsætter igen vores talord og antal.

Med hensyn til vores erkendesituation forudsætter vi også, at der eksisterer subjekter eller personer, som er i stand til at sanse, percipiere, erindre og genkende fænomener f.eks. det ovenfor omtalte stearinlys, hvorfor disse begreber også kun kan forstås i sammenhæng med hinanden. En person er således noget, der sanser, tænker m.v. Men også noget, der har en krop som noget fysisk og materielt med udstrækning i rummet. Her har Favrholdt samme syn på den nødvendige sammenhæng mellem begreberne person og krop som Zinkernagel, som var en hans store inspirationskilder.

Sammenfattende mener Favrholdt altså, at vi ved entydige beskrivelser af virkeligheden i logisk praktisk sprogbrug, må anvende en række grundlæggende interdependente begreber sammen med den formelle logisk regler. Og det er virkelighedens beskaffenhed og vores erkendesituation som dikterer, hvordan vi skal anvende vores ord.

Det er altså ikke vilkårlige konventioner, men virkelighedens beskaffenhed, der bestemmer, at vi må overholde den formelle logiks regler og de interdependente begreber, når vi kommunikerer om, og beskriver verden. Hvis ikke der var denne overensstemmelse mellem vores begrebsanvendelse og virkeligheden selv, ville vi ikke være i stand til at orientere os, og kommunikere meningsfuldt om vores omgivelser. Derfor gælder disse principper for sprogbrug på tværs af folkeslag – også for meget primitive naturfolk – og har ifølge Favrholdt været gældende siden tidernes morgen. Hvis mennesket ikke havde anvendt disse principper i sin kommunikation, var det blevet til forvrøvlet tale, og menneskeracen var simpelthen uddød.

I sin bog "Filosoffen Niels Bohr" nævner Favrholdt også forskningsresultater, der viser, at selv insekter overholder den formelle logiks regler i sin kommunikation. Således har forskeren Axel Michelsen i sin bog "Honningbiernes dansesprog. Signaler og samfundsliv" beskrevet sin banebrydende forskning i, hvordan spejderbier med sin dans i otte-tals-bevægelser fortæller bisværmen, hvor i landskabet den kan finde nektar og pollen. Og i deres kommunikation overholder de den formelle logiks regler, f.eks. at en ting ikke kan være to steder på en gang. Hvis ikke biernes kommunikation havde fulgt de logiske principper, var de uddøde. Og man kunne også tilføje, at så havde forskeren heller ikke været i stand til at afkode deres måde at kommunikere på.

Jeg mener imidlertid ikke, at Favrholdt med sin filosofi har fundet et "skudsikkert" eller 100% sikkert grundlag for den menneskelige erkendelse. For det første fordi et af fundamenterne er den formelle logiks regler, og som jeg har argumenteret for i kap.1 er disse regler ikke uden undtagelser. Som beskrevet er der undtagelser fra kontradiktionsprincippet. Under særlige omstændigheder kan man, som nævnt, både være gift og ugift eller en gift ungkarl. I nogle situationer kan en vare også siges at være både solgt og ikke-solgt m.v.

Men en del af hans grundlag er også det, han kalder interdependente begreber, hvor han bygger videre på Zinkernagels filosofi, når han hævder, at begreberne "person" og "krop" er knyttet til hinanden således, at det er en nødvendig relation mellem dem, at en person er noget, der nødvendigvis må have en krop. I kapitlet om Zinkernagel har jeg beskrevet, hvordan en italiensk kirurg har fremlagt planer om en gang i fremtiden at transplantere et menneskes hoved over på en anden persons krop. Da man ikke kan udelukke, at dette muligvis vil kunne lade sig gøre på et tidspunkt, vil det eventuelt også blive muligt at kunne tale om en levende person, som befinder sig i en situation, hvor han kun har et hoved, og ikke en krop. Det kan derfor ikke siges at være en universel eller kontekstfri regel, at personer altid, under alle omstændigheder har kroppe.

Langt hen ad vejen vil det uden tvivl være en garanti for meningsfuld og sandfærdig tale, hvis vi overholder Favrholdts principper om respekt for den formelle logiks regler i sammenhæng med en række grundlæggende interdependente begreber. Specielt i den verden, vi til daglig bevæger os rundt i. Men som påvist i afsnittet om den moderne fysik, hvor vi skal beskrive det uendeligt lille (den atomare virkelighed), må vi undertiden acceptere paradokser eller selvmodsigelser.

Som nævnt viser Bohrs dobbeltspalteeksperiment, at lys både kan være bølger og partikler – altså en selvmodsigelse. Favrholdt, som havde indgående kendskab til kvantemekanikken, og som ung fulgte Niels Bohr's forelæsninger, ville dog være uenig i dette synspunkt.

Han tilsluttede sig Bohr's fortolkning af forsøgsresultaterne. Generelt har Bohr ligesom Zinkernagel i øvrigt været en af Favrholdt's store inspirationskilder. Men for kort at rekapitulere omstændighederne vedrørende dobbeltspalteeksperimentet, gik forsøget ud på, at der fra en elektronkanon sendtes elektroner eller lys mod en fotografisk plade, Men imellem disse var der placeret en metalplade, hvor der i den ene forsøgsopstilling kun var en lille spalte åben, og i den anden to spalter. Når kun en spalte var åben, afsatte lys spor på den fotografiske plade som partikler (fotoner), men når to spalter var åbne som bølger. Som nævnt er partikler og bølger to vidt forskellige fysiske fænomener, idet partikler kun udfylder et punkt i rummet, mens bølger er udstrakte i rummet, og kan interferere (svække og forstærke hinanden). Når to spalter var åbne, dannedes der således interferensmønstre på den fotografiske plade; lys udviste altså bølgekarakter. Bohrs fortolkning af disse resultater, som også Favrholdt tilsluttede sig (jf. hans bog "Filosoffen Niels Bohr") var, at selve målingen eller forsøgsopstillingen vekselvirker med det, der måles på, således at forskellige forsøgsopstillinger altid vil give forskellige måleresultater, in casu bølger eller partikler. En beskrivelse af, hvad lys er, må derfor altid ske i sammenhæng med en redegørelse for den konkrete forsøgsopstilling, og det giver ikke mening at spørge om, hvad lys er sådan overordnet set. Giver man verbale beskrivelser af, hvad lys er i en konkret forsøgssituation, er det også muligt at give konsistente beskrivelser. Dette skal også ses i sammenhæng med videnskabsmandens arbejdsbetingelser, idet en forsker efter de videnskabelige principper altid skal kunne redegøre for, hvordan forskningsresultaterne er opnåede. En hvilken som helst anden forsker skal kunne opnå de samme forsøgsresultater, hvis han følger den samme metode og anvisninger på forsøgsopstillinger m.v., hvilket er i tråd med videnskabelige idealer om objektivitet m.v.

Men hvad nu, hvis vi forlader fysikerens forsøgsapparatur, og bevæger os ud af hans laboratorium, og vil tale om det lys, der hver dag møder vores øjne fra solen, lamper, billygter m.v., og stiller spørgsmålet om, hvad det er ? Bølger eller partikler? Ja, så kan vi kun besvare det med et paradoks, og svare, at det er begge dele. Dette er en anskuelse, som også den amerikanske fysiker Fritjof Capra deler, hvor vi må tale om lysets dualitet. Paradokser eller selvmodsigelser forekommer også indenfor andre områder af den moderne fysik f.eks. i den specielle relativitetsteori, hvor man kan tale om, at to fænomener både kan forekomme samtidigt og på forskellige tidspunkter (før eller efter). Dette kan forekomme i situationer, hvor man bevæger sig med høje hastigheder nær lysets, og skyldes bla. forhold i forbindelse med den konstante lyshastighed (300.000 km/sek.)

Kapitel 7

Beslægtede filosofiske ideer

Ideen om, at verden ikke i alle henseender er logisk opbygget og, at logikkens regler derfor ikke altid gælder for sande beskrivelser, kan lede ens opmærksomhed mod filosofiske retninger, der så at sige går på tværs af logikkens regler.

Dette finder man bla. i østens mystik f.eks. taoismen fra Kina, der i sin poesi ofte udtrykker sig i paradoksale udsagn eller holistiske betragtninger, der beskriver modsætningernes forening. Et eksempel er flg. taoistiske digt:

> Vær bøjet og du bliver rank
> Vær tom og du bliver opfyldt
> Vær slidt og du bliver ny

Et lignende virkelighedsbillede finder man hos den førsokratiske filosof Heraklit (ca. 500 f.Kr.), der også opfatter verden som bestående af modsætningernes sammenspil og modsætningernes forening. F.eks. i hans fragmenter med en sætning som: "levende er dødt" eller hans ide om, at det eneste konstante i verden er forandring.

Denne bogs ideer synes imidlertid at være i tråd med nogle spor indenfor nyere amerikansk filosofi, der kaldes "den amerikanske pragmatisme", hvor den mest kendte repræsentant nok er Pierce (1839-1914), og hvis seneste skud på stammen er Harvard professoren Willard van Orman Quine (1908-2001).

Iflg. Pierce har erkendelsen ikke noget absolut sikkert grundlag, men dette er ikke ensbetydende med, at vi ikke kan gøre fremskridt. Det kan vi ved at arbejde med konkrete problemer, som man gør indenfor de enkelte videnskaber. De enkelte teoriers nytte bør vurderes på deres evne til at kunne generere forudsigelser eller kommunikative egenskaber med henblik på løsningen af vitale menneskelige behov.

Quine har taget et opgør med Kant's skelnen mellem analytiske og syntetiske domme. Som tidligere beskrevet er analytiske domme sande, alene i kraft af de begreber, der anvendes i udsagnene. Sandhedsværdien af syntetiske domme må afgøres ud fra empiriske observationer. Men Quine mener ikke, at der kan laves en sådan skarp skelnen mellem de to former for domme. Generelt er han udpræget empirisk orienteret, og mener, at alle domme er syntetiske.

Dette kan illustreres med en diskussion af den analytiske dom: "alle ungkarle er ugifte", hvor Quine så spørger, hvordan vi kan afgøre, at denne sætning er sand? Svaret må være, at ungkarl er synonym med ugift mand, og det er indlysende at alle ugifte mænd er ugifte. Men graver vi lidt dybere, kan vi spørge, hvorfra ved vi, at ungkarl er synonym med ugift mand? Det er vel ikke tilstrækkelig begrundelse at hævde, at det er alle filosofiprofessorer enige om? Vi kan så henvise til synonymordbogens definition af begrebet ungkarl, men denne beskriver jo bare, hvordan sprogbrugere rent faktisk anvender begrebet ungkarl, og er derfor en beskrivelse af adfærd blandt sprogbrugere, og beskriver derfor blot konventioner for begrebsanvendelse. Dermed bliver udsagnet en syntetisk dom; en beskrivelse af sproglig adfærd blandt sprogbrugere.

Alternativt kan vi begrunde udsagnets analyticitet ved hjælp af begreber som "nødvendigvis" eller "det er nødvendigt": Det er nødvendigt sandt, at alle ungkarle er ugifte, fordi ungkarl er synonym med ugift mand, og det er det, fordi det er nødvendigt sandt, at alle ungkarle er ugifte. Herved havner vi i en form for cirkelslutning, hvor vi vil begrunde analyticitet med en anden form for analyticitet, eller en form for nødvendig sandhed med en anden form for nødvendig sandhed.

Men som hovedregel vil man kun sjældent gå galt i byen, hvis man antager, at en ungkarl også er ugift. Erkendelsesmæssigt vil det være en nyttig antagelse.

Pragmatisterne lagde vægt på, at viden også skulle være nyttig, vurderet på sine praktiske konsekvenser; et træ skal kendes på dets frugter, og nyttig, sand viden, er viden, der hjælper os med at kunne orientere os, og navigere i verden f.eks. med henblik på overlevelse.

Så selv om verden også rummer selvmodsigelser og paradokser, er kontradiktionsprincippet en nyttig og brugbar regel. Hvis to personer har en seriøs diskussion af et problem, og den ene modsiger sig selv, er der jo for det meste grund til at være skeptisk overfor hans standpunkt, og spørge ind til hans argument, og evt. bede ham uddybe det. Således vil enhver dommer i en retssal som regel tvivle på et vidnes forklaring, hvis udsagnet er selvmodsigende, og udbede sig en uddybning eller en nærmere forklaring.

Litteraturliste

Fritjof Capra: "Fysikkens tao", Borgens forlag, 1980

Lars Green Dall: "Superstrenge, naturvidenskabelig dansk lyrik" Dansklærerforeningens forlag, 2018

David Favrholdt: "Filosofisk Codex", Gyldendal 1999

David Favrholdt: "Filosoffen Niels Bohr", Informations forlag 2009

Joel Henrik Goodstein og Christian Ilsøe: "Manden uden krop", Den blå port, nr.22 1992, (interview med Peter Zinkernagel)

Werner Heisenberg: "Physik und Philosophie", Stuttgart, 1972

Wilfred Hodges: "Logic", Penguin Books, 1977

A.E. Mander: "Lær at tænke logisk", Hirschprungs forlag, 1948

Robert M. Pirsig: "Zen og kunsten at vedligeholde en motorcykel, Borgens forlag, 1977

Kai Sørlander: "Det uomgængelige", Munksgaard Rosinante, 1994

Kai Sørlander: "Indføring i filosofien", Informations forlag, 2016

Peter Zinkernagel: "Omverdensproblemet", filosofisk doktordisputats, Kbh. Universitet 1957

Peter Zinkernagel: "Virkelighed", Munksgaard 1988

Peter Øhrstrøm m.fl.: "Logisk set", Books on Demand 2020